Bassin de la Basse-Loire.

# RAPPORT

## A M. LAMIE MURRAY,

SUR LE PARTI QU'IL CONVIENT DE TIRER

DE LA

# CONCESSION DE LANGUIN

(Loire Inférieure) :

*PAR HENRI FOURNEL,*

Ingénieur au corps royal des Mines.

# Bassin de la Basse-Loire.

# RAPPORT

## A M. LAMIE MURRAY,

SUR LE PARTI QU'IL CONVIENT DE TIRER

DE LA

# CONCESSION DE LANGUIN

(Loire-Inférieure);

*PAR HENRI FOURNEL,*

Ingénieur au corps royal des Mines.

PARIS,

IMPRIMERIE ÉVERAT ET COMPAGNIE,

14 et 16, RUE DU CADRAN.

—

1838.

# AVERTISSEMENT.

Pour toutes les indications que je donne en lieues, dans ce Rapport, j'entends toujours parler de *lieues de poste* de 4000 mètres.

| | |
|---|---|
| Le mille anglais (1760 yards) correspond à | 1609,3149 mètres. |
| Le pouce anglais ($\frac{1}{36}$ du yard). . . . . | 2,539954 centimètres. |
| Le pied anglais ($\frac{1}{3}$ du yard). . . . . | 3,0479449 décimètres. |
| Le yard impérial . . . . . . . . . . | 0,91438348 mètres. |
| L'hectare français. . . . . . . . . | 2,471143 acres anglais. |
| Le kilomètre carré. . . . . . . . . | 247,1143 acres anglais. |
| Le mètre. . . . . . . . . . . . . | 39,37079 pouces anglais.<br>3,2808992 pieds anglais.<br>1,093633 yard. |
| Le pied français = $0^m$ 32484000 =. . . | 12,78895 pouces anglais. |

Le pied anglais = $0^m$ 30479449 = 11 pouces 2645 ($11^p$ $8^l$, 134) français.

Différence. . $0^m$ 02004551 = $8^l$, 866

$12^p$ 0, » »

# RAPPORT

## sur le parti qu'il convient de tirer

DE LA

# CONCESSION DE LANGUIN

(Loire-Inférieure.)

J'ai fait connaître, dans un ouvrage récent (1), avec quelle constance les roches du Bocage vendéen affectent la direction du sud-est au nord-ouest; j'ai montré que la direction des bassins houillers de Vouvant et de Chantonay était une conséquence de ce fait si général au sud de la chaîne granitique qui sépare le bassin de la Vendée de celui de la Loire. Au nord de cette chaîne les mêmes phénomènes s'observent encore, et un terrain carbonifère, connu sous le nom de *Bassin de la Basse-Loire,* se développe sur une faible largeur, mais sur une longueur de plus de trente lieues (74 milles 1/2) en conservant d'une manière remarquable la direction du sud-est au nord-ouest. Il commence dans le département de Maine-et-Loire au point où le Layon se détourne pour couler du sud-est au nord-ouest, et il embrasse, à partir de ce point, tout le cours de cette rivière jusqu'à son embouchure dans la Loire qu'il coupe obliquement à la hauteur de Chalonnes. Parvenu

Généralités sur le bassin de la Basse-Loire.

(1) *Étude des gîtes houillers et métallifères du Bocage vendéen*, par M. Henri Fournel; in-4°, de l'imprimerie Royale. Paris, 1836.

sur la rive droite du fleuve il pénètre, entre Ingrande et Candé, dans le département de la Loire-Inférieure en suivant toujours la même direction jusqu'aux limites ouest de la concession de Languin et probablement au-delà ; son axe formerait une ligne légèrement courbe dont la convexité serait tournée au nord-est. Ce bassin a été partagé, jusqu'à présent, en sept concessions qui comprennent toutes les *mines de houille de la Basse-Loire*, et qui sont les suivantes :

I. DANS LE DÉPARTEMENT DE MAINE-ET-LOIRE :

1° *Saint-Georges-Chatelaison* (arrondissement de Saumur), concession accordée le 27 mai 1775 et dont le périmètre embrasse une étendue de quatre-vingt-sept kilomètres carrés et soixante-dix hectares. Depuis 1740 on exploitait du charbon près de Saint-Georges (1). L'analyse des charbons de cette localité a donné :

| | |
|---|---|
| Charbon. . . . . . . . . . . . . . | 0 656 |
| Cendres. . . . . . . . . . . . . . | 0 134 |
| Matières volatiles . . . . . . . . . | 0 210 |
| | 1 » (2) |

2° *Chaudefonds* (arrondissement d'Angers), concession accordée par ordonnance du 25 novembre 1835 et dont l'étendue superficielle est de 10 kilomètres carrés et 43 hectares (3).

(1) *Journal des Mines*, t. XXXVII, p. 169.—« Un arrêté du Directoire, en date du 3 nivôse an VII (23 décembre 1798), accorda l'autorisation de continuer l'exploitation. » (*Journal des Mines*, t. XI, p. 125.) — « Un décret du 26 avril 1808, maintint la concession dans les mains d'un sieur Pauly. » (*Journal des Mines*, t. XXVIII, p. 339 et 340.) — « Un décret du 24 juin 1808, annule un arrêté du préfet relatif aux mines de Saint-Georges-Châtelaison. » (*Journal des Mines*, t. XXVIII, p. 340.)

(2) *Traité des essais par la voie sèche*, par M. P. Berthier, t. I, p. 331. Paris, 1834.

(3) *Annales des Mines*, t. VIII, p. 620, 3e série.—« Des recherches avaient été autorisées par ordonnance du 19 août 1832. » (*Annales des Mines*, t. III, p. 732, 3e série.) — « Déjà les mines de Chaudefonds avaient été concédées par un dé-

3° *Layon-et-Loire* (arrondissement d'Angers), concession souvent désignée, dans le pays, sous le nom de *concession de Saint-Aubin-de-Luigné.*

4° *Saint-Georges-sur-Loire et Savenières* (arrondissement d'Angers), concession accordée par ordonnance du 17 juin 1829, et qui a une étendue de 11 kilomètres carrés 50 hectares (1).

5° *Montjean* (arrondissement de Beaupréau), concession accordée par un décret du 23 juin 1806, et qui a une étendue de 14 kilomètres carrés (2).

II. DANS LE DÉPARTEMENT DE LA LOIRE-INFÉRIEURE.

6° *Montrelais* (arrondissement d'Ancenis), concession fort ancienne dont l'étendue a été réduite à 98 kilomètres carrés 75 hectares par un décret du 18 août 1807 (3). A l'époque de la révolution, quatre compagnies de pionniers furent détachées de l'armée de l'ouest pour travailler à ces mines (4) qui, plus tard, ont été exploitées par une société en commandite, puis par une société anonyme (5). Celle-ci a eu de nombreuses difficultés à vaincre; elle a été dans la nécessité de demander en 1832, et a obtenu, la remise de la redevance proportionnelle (6); aujourd'hui, grâce à une bonne administration, elle est en pleine prospérité.

La concession de Montrelais possède deux centres d'exploitation, l'un

cret du 25 prairial an XIII (14 juin 1805). » (*Journal des Mines*, t. xxviii, page 256.)

(1) *Annales des Mines*, t. viii, p. 134-140, 2e série.

(2) *Journal des Mines*, t. xxviii, p. 322.

(3) *Journal des Mines*, t. xxviii, p. 333 et 334.

(4) Voyez deux décrets du 8 prairial an II (27 mai 1794.) (*Journal des Mines*, n° 1, p. 97.)

(5) Autorisée par ordonnance du 7 mars 1817. (*Annales des Mines*, t. ii, page 127, 1re série.)

(6) Ordonnance du 7 février 1833. (*Annales des Mines*, t. iv, p. 541 et 542, 3e série.)

à Montrelais, l'autre à Mouzeil, centre ainsi nommé quoique le village même de Mouzeil soit compris dans la concession de Languin. Voici l'extraction qui a eu lieu sur ces deux points :

*Extraction de la concession de Montrelais.*

| ANNÉES. | MONTRELAIS. | MOUZEIL. | TOTAL. |
|---|---|---|---|
| | hect. | hect. | hect. |
| 1828. | 55937 | 179983 | 235920 |
| 1829. | 75081 | 110313 | 185394 |
| 1830. | 123223 | 114953 | 238176 |
| 1831. | 96474 | 162024 | 258498 |
| 1832. | | | 223117 |
| 1833. | 35335 | 108432 | 143767 |
| 1834. | 70677 | 143900 | 214577 |
| 1835. | 88171 | 167955 | 256126 |
| 1836. | 76843 | 135537 | 212380 |

7° *Languin* (arrondissement de Chateaubriand), concession dont les titres remontent au milieu du dernier siècle et qui fut prorogée, au profit d'un sieur Michaud, pour 50 années à dater du troisième jour complémentaire an VII (20 septembre 1799) (1). Un décret du 19 août 1808 approuva la cession qui en avait été faite le 14 mai précédent au sieur Demangeat, à la charge de remettre ces mines en activité dans un délai de trois mois au plus tard (2). Son périmètre embrasse une étendue de 50 kilomètres carrés 10 hectares ; nous dirons tout à l'heure comment elle a été subdivisée.

L'arrondissement de Nantes renferme : les mines de fer de Maisdon dont je parlerai plus loin (voyez page 34) ; des gisements d'anthracite à Vieille-Vigne (canton d'Aigrefeuille), et près du vaste étang de Grand-Lieu (canton de Saint-Philbert-de-Grand-Lieu), lesquels se trouvent sur le prolongement du bassin houiller du Bocage vendéen. Dans l'ar

(1) *Journal des Mines*, t. XI, p. 151 et 152.

(2) *Journal des Mines*, t. XXVIII, p. 381.

rondissement de Savenay on connaît : les mines de plomb de Crossac, Bennes, et Donges (1), et la verrerie de Couëron (2). Comme jusqu'ici on n'a rien signalé dans l'arrondissement de Paimbœuf, nous aurons un tableau abrégé des richesses minérales du département de la Loire-Inférieure, en joignant à ce qui précède ce que nous dirons ailleurs des minerais de fer; mais, après cette courte digression, revenons à la grande bande de terrain carbonifère.

Ce n'est pas ici le lieu d'examiner si le *bassin de la Basse-Loire* appartient, géologiquement, au terrain houiller ou à une classe de terrains plus anciens; je n'ai, d'ailleurs, rassemblé aucun des éléments de cette discussion ; ce qui est certain, pratiquement, c'est que les produits de ce bassin ont bien tous les caractères de la houille. Il est à remarquer qu'il ne renferme pas de couches régulières ; il présente, dans toute son étendue, une série d'amas enveloppés dans les feuillets du terrain carbonifère, et disposés, sans ordre reconnu, à diverses profondeurs, sans qu'on ait atteint la profondeur à laquelle la nature du terrain indiquerait qu'on ne peut plus rencontrer de houille. On ne peut cependant pas dire que ces masses de combustible soient sans relation entre elles; en général, quand elles cessent, on a pour guide un filet de houille qui s'y rattache comme une espèce de cordon ombilical et qui, suivi, conduit à un autre massif. Les couches du terrain sont, partout, fortement inclinées, et même se rapprochent de la verticale ; elles se composent de schistes et de grès fins (peut-être de grauwackes) alternant entre eux.

Après ces indications générales, qui donnent une idée de l'ensemble dont la concession de Languin est une partie, je vais m'occuper exclusivement de cette dernière.

Nous venons de voir que la concession de Languin remonte au mi-

(1) Concédées par ordonnance du 15 octobre 1824. (*Annales des Mines*, t. x, p. 185, 1re série.)

(2) Autorisée par ordonnance du 11 novembre 1827. (*Annales des Mines*, t. IV, p. 172, 1re série.)

2

lieu du dernier siècle, et que son périmètre embrassait une étendue de 50 kilomètres carrés 40 hectares. Elle a été subdivisée en deux parties dont l'une, qui renferme les *mines des Touches*, a environ 20 kilomètres carrés, et l'autre, qui renferme les travaux actuels et les anciens *travaux de Languin* a environ 30 kilomètres carrés (3,000 hectares) (1). C'est cette seconde partie que vous avez acquise et sur laquelle porteront tous les développements de mon Rapport que je diviserai en deux chapitres : dans le premier je rassemblerai tous les éléments de l'affaire, dans le second je dirai comment on doit, suivant moi, tirer parti de ces éléments.

## CHAPITRE PREMIER.

**Description de la concession de Languin, de ses travaux, et des gîtes minéraux que l'on observe dans ses environs.**

Pour éviter toute confusion je parlerai séparément de la concession de Languin et de ce qui peut nous intéresser dans ses environs.

### SECTION I.

**Concession de Languin.**

Situation. La portion à laquelle nous réserverons désormais le nom de *Concession de Languin* se trouve, comme on le voit par ce qui précède, placée à l'extrémité la plus occidentale de la longue bande de terrain carbonifère, aujourd'hui reconnue sur la basse Loire. Languin, village voisin des anciens travaux et des travaux actuels, est à 8 lieues (20 milles) au nord de Nantes et à une lieue (2 milles et demi) au nord-ouest de Nort, gros bourg bâti au bord de l'Erdre et sur sa rive droite. Cette rivière est navigable en tout temps jusqu'à Nort; et, depuis Nantes jusqu'à une

(1) L'article 7 de la loi du 21 avril 1810, dit qu'une mine ne peut être vendue par lots ou partagée *sans une autorisation préalable du gouvernement donnée dans les mêmes formes que la concession*. Cette autorisation est à la veille d'être donnée, pour régulariser les deux ventes faites par le précédent propriétaire. Il est probable que la première partie prendra le nom de *Concession des Touches*.

lieue et demie au-dessous de Nort, c'est-à-dire pendant 22,751 mètres, elle forme le premier bassin du canal de Nantes à Brest qui a un développement total de 373,521 mètres, divisé en trois parties par autant de biefs de partage (1), et qui compte, dans tout son ensemble, 235 écluses. En quittant l'Erdre le canal se dirige vers le nord-ouest, et vient toucher la ligne qui forme au sud le périmètre de la concession de Languin. Celle-ci part du village des Touches et se termine à l'ouest par une ligne passant par les villages de Gremil et de Grand-Lande.

Il convient de diviser en plusieurs articles ce que j'ai à dire de cette concession.

### ARTICLE PREMIER.

#### Travaux exécutés.

Les mines de Languin qui avoient été l'objet d'une exploitation importante, et fructueuse, dit-on, vers le milieu du dernier siècle, furent plusieurs fois abandonnées et reprises. Nous avons vu (page 8), par la condition imposée au cessionnaire en 1808, qu'à cette époque elles étaient complétement délaissées ; M. Lemaître les représente comme étant encore dans le même état à la fin de 1830 (2), époque à laquelle il les reprit. Les travaux entrepris dans la concession de Languin s'étendent depuis la maison Griolet jusqu'au puits Félix sur une longueur de 11 à 1,500 mètres ; ils appartiennent, comme on vient de

(1) *Le premier bief de partage*, qui sépare la vallée de la Loire de celle de la Vilaine, est celui de *Bout de Bois*. Il a un développement de 8,381 mètres, et est alimenté par une rigole qui circule dans la concession de Languin. Six écluses le séparent de l'Erdre, pour racheter une pente de 18 mètres ; dix écluses le séparent de la Vilaine, pour racheter une pente de 17 mètres.

*Le second*, qui sépare la vallée de la Vilaine de celle du Blavet, est celui d'*Hilvern*. Il a un développement de 4,805 mètres.

*Le troisième*, qui sépare la vallée du Blavet de celle de l'Aulne, est celui de *Glomel*. Il a un développement de 4,114 mètres 35 cent.

(2) *Enquête sur les Houilles*, p. 39, in-4°, de l'imprimerie Royale, 1832.

le voir, à des époques distinctes; je parlerai successivement des travaux des anciens et des travaux actuels.

### *Premier paragraphe.*

#### Travaux des anciens.

Ces travaux ouverts au sud-ouest et très près du village de Languin, occupent une étendue de quelques hectares. Il est presque inutile de dire, car cela se retrouve partout, que les travaux faits à des époques plus ou moins reculées ont été très-mal conçus, et exécutés sans règle ni plan. On ne se proposait qu'un but : extraire immédiatement le charbon que l'on rencontrait, sans s'inquiéter de ce qui adviendrait plus tard. Un éboulement avait-il lieu; les eaux venaient-elles gêner l'exploitation; on fonçait un nouveau puits à côté de celui qu'on abandonnait, et ainsi de suite. De là la multiplicité de puits dont un point de la concession est comme criblé : le nombre de ces anciens puits dont on reconnaît encore les haldes sur un très-petit espace n'est pas moindre de 50 ou 60. En général, la profondeur de ces puits ne dépassait pas 65 mètres, on en cite cependant plusieurs qui ont atteint 81 à 97 mètres, et il en est trois qui méritent d'être mentionnés à part parce qu'ils ont été poussés à une profondeur beaucoup plus grande que tous les autres.

Le premier est le *puits de la Recherche* qui a été approfondi au-delà de 102 mètres, et dans les travaux du quel un bure a fait découvrir un massif de charbon de 20 mètres de longueur sur 17 mètres de hauteur, sans qu'on ait pu atteindre le point où il cessait dans la profondeur. On ignore à quelles circonstances précises est due l'interruption des travaux d'exploitation qui avaient été commencés sur ce massif, mais il est très-probable que l'insuffisance des moyens d'épuisement des eaux et le mauvais mode d'attaque sont les causes principales de cet abandon.

Le second puits qui mérite d'être mentionné est en face et près de la maison Griolet. Il avait été foncé à 141 mètres dans l'unique but de servir à l'épuisement ; il n'a jamais fait fonction de puits d'extraction.

Enfin le troisième fut entrepris pour aller rechercher l'énorme massif que le puits de la Recherche avait fait reconnaître. M. Demangeat, l'un des derniers propriétaires, résolut d'aller jusqu'à 200 metres pour tomber sur le massif que l'on n'avait pu exploiter par le *puits de la Recherche ;* malheureusement son puits trop faiblement boisé eu égard au peu de solidité du terrain dans lequel il était foncé, s'éboula avant qu'on eût exploité complétement le massif, et depuis lors, aucune tentative n'a été faite sur les vieux travaux.

Un fait important que les anciens travaux ont permis de constater c'est qu'à Languin on n'a jamais eu trace de *grisou* qui est très-abondant dans quelques mines du bassin de la Basse-Loire.

## *Deuxième paragraphe.*

### Travaux actuels.

Aujourd'hui les travaux consistent essentiellement en six puits qui s'écartent peu d'une ligne qui passerait par le puits 2 et par le puits Félix, points extrêmes du champ de l'exploitation actuelle. Ils occupent une longueur totale (du puits 2 au puits Félix) de 800 mètres, et forment deux groupes bien distincts que sépare un espace de 550 mètres ; le premier groupe est souvent désigné à Languin par le nom de *nouveaux travaux*, et le second par celui de *grands travaux*.

Le premier groupe, en partant toujours du sud-est pour marcher au nord-ouest, est celui qui avoisine la maison principale ; il est à 650 mètres à l'ouest nord-ouest du village de Languin et se compose de trois puits : Premier groupe.

*Le puits* 2, qui a 2 mètres 27 centimètres sur 1 mètre 50 centimètres, et une profondeur de 111 mètres 50 centimètres. Il a une machine à vapeur de la force de 12 chevaux.

*Le puits Emma,* placé à 20 mètres au nord-nord-ouest du précédent, et qui est partagé en deux compartiments égaux. Il a 3 mètres

14 centimètres sur 1 mètre 78 centimètres et une profondeur de 126 mètres 60 centimètres. Il est desservi provisoirement par la machine du puits 2, et est destiné à recevoir tous les jeux de pompe d'une forte machine d'épuisement. Il communique avec le puits 2 par deux coupements, l'un à la profondeur de 57 mètres 27 centimètres, l'autre à la profondeur de 108 mètres 55 centimètres.

A 105 mètres du jour on vient d'y pratiquer une galerie dirigée à l'ouest, sans doute dans le but de faire une reconnaissance. Cette galerie, qui coupe obliquement les bancs du terrain, a un développement de 15 mètres 50 centimètres; elle a coupé, à 8 mètres du puits, une veine de houille de 0 mètre 60 centimètres, et, à 15 mètres 70 centimètres, une couche ou un fragment de couche de 1 mètre 80 centimètres de puissance.

Dans le fonçage du puits Emma on a traversé la houille à trois niveaux différents qui correspondent à peu près aux niveaux auxquels on l'a rencontrée dans le puits 2 et dans le puits 4.

*Le puits* 4, qui a 2 mètres 27 centimètres sur 1 mètre 46 centimètres et 52 mètres de profondeur. Tout travail est suspendu sur ce puits ; la machine à molettes qui le desservait est démontée.

Deuxième groupe.

Après avoir franchi l'espace de 850 mètres en se dirigeant au nord-ouest, on arrive au second groupe de travaux qui se compose aussi de trois puits :

*Le puits* 5, qui a 110 mètres de profondeur et sur lequel se trouve une machine de 27 chevaux qui sert à la fois à l'épuisement et à l'extraction. L'épuisement n'a lieu qu'à la profondeur de 95 mètres 50 centimètres, au moyen de pompes placées dans un petit puits muraillé en briques. Les pompes ont 0 mètre 22 centimètres de diamètre intérieur et elles épuisaient, pendant mon séjour (novembre 1838), 2,500 à 3,000 hectolitres d'eau en 24 heures; le mouvement est communiqué aux tiges de ces pompes au moyen de tirants.

Quant à l'extraction du puits 5 elle est suspendue depuis qu'on est tombé sur de vieux travaux.

*Le puits 1*, placé à 100 mètres au nord-ouest du puits 3, a, d'ouverture, 2 mètres sur 1 mètre 60 centimètres et une profondeur de 97 mètres 50 centimètres. Il est desservi par une machine à molettes, et c'est le seul puits par lequel on tire du charbon en ce moment. Trois étages de travaux y sont ouverts à 36, 47, et 77 mètres. Ces divers étages communiquent par des bures et l'airage y est bien établi. Le boisage de ce puits est en mauvais état; on peut pénétrer dans ses travaux par une descenderie garnie d'échelles.

*Le puits Félix,* simple puits de recherche, qui est placé à 115 mètres au nord-ouest du précédent. Il a, d'ouverture, 1 mètre sur 1 mètre 65 centimètres, et 32 mètres 50 centimètres de profondeur. Il est desservi par un treuil ordinaire et est garni d'échelles dans toute sa hauteur. Il offre, vers le nord-ouest, un développement de galerie d'environ 50 mètres; l'airage y est établi au moyen d'un canal rectangulaire en bois qui est fixé au plafond de la galerie et qui part de l'extrémité de celle-ci pour remonter au jour et dépasser de deux mètres l'orifice du puits.

### ARTICLE II.

#### Moyens employés.

Tous ces puits sont boisés avec des cadres espacés de mètre en mètre et coulantés avec plus ou moins de soin. Le puits Emma est celui dont le boisage a été le mieux fait. Boisage des puits.

Les galeries sont boisées à la manière ordinaire. Deux montants et un chapeau forment les cadres, qui sont placés à peu près de mètre en mètre, et garnis avec des barres auxquelles on donne le nom de *lattes*. Boisage des galeries.

Les bois coûtent à Languin :

La charpente 1 fr. 50 cent. à 1 fr. 60 cent. le pied cube, ou 1 fr. 50 cent. à 4 fr. 80 cent. la solive. Prix des bois.

Le petit bois, c'est-à-dire jusqu'à 6 pouces d'équarrissage, ne se paie que 1 fr. 25 cent. le pied cube.

Les coulants 30 centimes le mètre courant.

Les lattes 8 fr. 50 centimes le cent.

La comptabilité ancienne est restée entre les mains du précédent propriétaire ; la comptabilité nouvelle n'existe pas encore, par conséquent je n'ai eu aucun moyen régulier de constater certaines dépenses, et par exemple celle des bois ; mais si M. Lemaître n'a que légèrement forcé cette dépense dans ses réponses à la commission d'enquête, on doit croire qu'elle figure à Languin pour un chiffre important. « Nos couches, a-t-il dit, étant placées verticalement, » ont besoin d'être divisées par des galeries dont il faut étançonner » les parois avec des bois toujours fort coûteux. Moi-même je viens » d'acheter, pour 30,000 fr., un bois du couvent de La Meylleraie, » bois *qui passera tout entier dans la consommation de l'année pro-* » *chaine* (1). »

Il eût été plus exact de faire valoir l'absence des couches et la discontinuité des rognons ou amas, que leur verticalité ; mais quoi qu'il en soit, et en tenant compte de l'exagération de circonstance à laquelle M. Lemaître a pu se livrer dans sa déclaration, il est certain que la dépense des bois doit être assez considérable à Languin.

Détails sur le fonçage du puits Emma.

Le puits Emma, commencé le 6 août 1833, est destiné, comme je l'ai déjà dit, à épuiser les eaux de tout le premier groupe de travaux. Au 11 janvier 1834, c'est-à-dire en 5 mois, il avait atteint une profondeur de 75 mètres, ce qui faisait un avancement de 15 mètres par mois. A partir de cet instant son travail a été interrompu pendant quatre années, et il a été repris le 12 janvier 1838. Le fonçage a été marchandé à différents prix suivant les profondeurs :

| | | | |
|---|---|---|---|
| 25 fr. | par mètre jusqu'à | 50 | mètres. |
| 35 fr. | id. pour les | 20 | mètres suivants. |
| 40 fr. | id. pour les | 56. 60 | derniers mètres. |
| | | 126m. 60 | |

(1) *Enquête sur les Houilles*, p. 468, in-4°, de l'imprimerie Royale, 1832.

Le fonçage actuel du puits Emma est marchandé à 50 fr. par mètre.

Voici, au reste, le détail des dépenses qu'il a occasionnées à l'ancien propriétaire, pour les 75 premiers mètres :

| | en tout. | | par mètre. | |
|---|---|---|---|---|
| fonçage à prix fait . . | 2133 fr. | » | 28 fr. | 44 |
| journées . . . . . . . | 1797 | 59 | 23 | 97 |
| boisage. . . . . . . . | 4761 | 25 | 63 | 48 |
| poudre . . . . . . . | 30 | »» | 0 | 40 |
| frais divers . . . . | 94 | 10 | 1 | 25 |
| | 8815 fr. | 94 | 117 fr. | 54 |

Ce prix de fonçage est très-bas, mais à mesure que le puits s'est approfondi, les difficultés ont augmenté par la plus grande abondance des eaux ; il a fallu aussi créer le matériel de ce puits ; et, pour atteindre la profondeur actuelle (120 mètres 60 centimètres), il a coûté en tout : 20,000 fr. ou 165 fr. 08 cent. par mètre.

Ces chiffres pourront servir de guide dans l'évaluation du prix des travaux *à exécuter*.—Bien que le boisage entre, à Languin, pour un chiffre fort élevé dans le prix de revient d'un mètre de fonçage de puits, je pense que quand on poussera les puits à une plus grande profondeur, il sera bien de les cuveler à cause du peu de solidité que présentent souvent les schistes que l'on traverse. Le puits de M. Demangeat ne se serait vraisemblablement pas éboulé si ce mode de boisage avait été employé.

Je n'entrerai dans aucun détail sur les deux machines à vapeur dont j'ai parlé, je me contenterai de dire qu'elles sont en bon état et qu'elles fonctionnent bien ; elles ont été achetées en Angleterre. Machines à vapeur.

La machine à molettes qui est sur le puits 4, n'offre, non plus, rien qui mérite d'être particulièrement noté. Machine à molette.

Encore aujourd'hui on ne suit pas un plan général d'exploitation préconçu et régulièrement exécuté. Lorsqu'un crain vient interrompre Absence de plan général d'exploitation.

le massif qu'on exploite ; si la nature du toit ou du mur ne fait pas espérer la rencontre prochaine d'un autre massif, on perce une bachure qui est une véritable galerie de recherche : sans doute on sera toujours obligé d'en agir ainsi, mais l'ensemble des travaux n'en devrait pas moins être régularisé.

Mode d'exploitation. Quant au mode d'exploitation en lui-même il est assez bien approprié au genre de gisement du charbon dans le bassin de la Basse-Loire. Ce mode consiste à s'avancer dans le massif par une galerie que l'on pousse jusqu'à ce qu'on atteigne le schiste qui sert de toit ou de mur, puis on remblaie avec les déblais provenant des coupements de recherche, et sur ce remblai on s'avance par une autre galerie dont le sol est ce qui formait le plafond de la galerie précédente, et ainsi de suite jusqu'à épuisement complet du massif. Les tailles sont nécessairement étroites pour ne pas compromettre la solidité des travaux ; elles n'ont que 1 mètre 30 centimètres de large, et ne peuvent, par conséquent, contenir qu'un seul mineur qui néanmoins peut, dans son poste, faire un mètre cube d'avancement à cause de l'extrême facilité de l'abattage. Ce mètre d'avancement produit environ 12 hectolitres à cause du foisonnement. Des cheminées réservées permettent de jeter le charbon dans une galerie qui aboutit à l'accrochage du puits, et établissent une communication entre les différents étages de travaux.

Abattage. L'abattage se fait au pic seul à cause de la friabilité du charbon.

Traînage. Le mode de traînage est celui qui est employé dans un grand nombre de mines du bassin de Saint-Étienne. Une corbeille fixée sur deux bois taillée en segments de cercle est traînée par un jeune garçon au moyen d'une bricole, ou poussée par derrière.

Éclairage. On ne se sert pas de lampes dans les mines de Languin. On s'éclaire au moyen de chandelles portées dans un chandelier à pointe ; chaque ouvrier suspend à sa ceinture un étui qui contient plusieurs chandelles.

Nombre d'ouvriers. Salaires. La main-d'œuvre est à très-bon marché à Languin ; le tableau suivant donnera le nombre d'ouvriers employés en ce moment et le salaire de chacun d'eux.

| | | fr. | |
|---|---|---|---|
| 3 commis (maîtres mineurs) à | . . | 60 » | par mois. |
| 2 boiseurs | . . . . . . . . . | 1. 35 | par poste de 8 heures. |
| 21 ouvriers mineurs | . . . . . | 1. 20 | dito. |
| 16 manœuvres | . . . . . . . . | 0. 95 | dito. |
| 4 moulineurs (receveurs de bennes). | | 0. 95 | dito. |
| 13 serveurs (gamins) | . . . . . . . | 0. 65, 0. 70, 0. 75, 0. 80 | dito. |
| 4 tourneurs de frein | . . . . . . . | 0. 40 | dito. |
| 1 cantonnier | . . . . . . . . | 1. 50 | par jour pend. l'été, 1. 25 pend. l'hiv. |
| 8 trieurs. | . . . . . . . . . | 0. 30, 0. 35, 0. 40 | par jour. |
| 1 maître trieur. | . . . . . . . | 1 » | dito. |

| | | | | |
|---|---|---|---|---|
| 4 charpentiers, dont | 1 maître | à 60 » | par mois. |
| | 3 compagn. | à 1. 50 | par jour. |
| 4 forgerons, dont | 1 maître | à 55 » | par mois. |
| | 1 dito | à 50 » | dito. |
| | 1 dito | a 40. » | dito. |
| | 1 aide | à 12 » | dito. |
| 4 machinistes, dont | 2 . . . | à 55 » | dito. |
| | 2 . . . | à 50 » | dito. |
| 2 chauffeurs | . . . . . . . | à 45 » | dito. |
| 2 palefreniers | . . . . . . . | à 36 » | dito. |
| 1 garçon d'écurie. | . . . . . | à 12 » | dito. |
| 1 fendeur de lattes auquel on donne | | 6 » | du mille. |

91 ouvriers.

Le sciage se fait à raison de 2 fr. du cent de pieds courants.

Pour le travail souterrain les ouvriers travaillent jour et nuit, et se relaient par poste dont la durée est de 8 heures. Durée du poste.

Les bennes contiennent hectolitres. On ne se sert que de câbles plats au puits 2, au puits Emma et au puits 5. Les câbles sont ronds, bien entendu, sur les puits desservis par des machines à molettes. Arrivées au jour, les bennes, du moins dans les nouveaux travaux, sont déposées sur un pont roulant. Les bennes à eau, soit en bois, soit en fer, portent un clapet dans leur fond et se vident d'elles-mêmes en s'abaissant sur un déversoir roulant. Bennes. Câbles.

## ARTICLE III.

### Résultats obtenus.

Quantités extraites.

Nous avons vu que l'exploitation de Languin avait été plusieurs fois abandonnée, et il est probable que le chiffre de l'extraction n'a jamais eu cette importance qui ne peut être le résultat que d'un travail suivi avec persévérance. Reprises à la fin de 1830, les mines de Languin, en 1831 et 1832, n'avaient encore produit que 12 à 15,000 hectolitres par an (1). En 1836 et 1837, on n'a tiré, moyennement, qu'environ 50,000 hectolitres (4,000 tonnes) par an, ce qui, pour 300 jours de travail, ne représente qu'un produit de 166 hectolitres par jour. C'est encore le chiffre de l'extraction actuelle.

Qualité du charbon.

On a dit du charbon de *Mouzeil* : « Il n'est pas homogène ; certaines » roches sont aussi maigres que le charbon de Liverpool, et contien- » nent encore plus de matières incombustibles, mais il a le grand » avantage de ne contenir aucune substance nuisible au fer, ce qui le » rend préférable à ceux d'Anzin et de Saint-Étienne pour les fon- » deries (2). »

Le charbon de Languin, a, comme on va le voir, les avantages du charbon de Mouzeil sans en avoir les inconvénients. On distingue à Languin deux variétés de charbon : l'une qu'on appelle le *charbon sourd* et l'autre le *charbon clair*. Le premier est terne à l'œil, l'autre est au contraire très-brillant ; ils proviennent de massifs différents, et il semblerait même qu'il y aurait une certaine régularité dans la manière dont ces massifs, qui donnent des produits d'apparence si distincte, seraient placés les uns par rapport aux autres. Ainsi les mineurs distinguent à Languin trois séries de massifs existant dans trois plans de

(1) *Enquête sur les Houilles*, p. 39, in-4°, de l'imprimerie Royale, 1832.

(2) *Procès-verbal d'expériences faites à Brest* en 1827 par l'administration de la marine, pour constater la qualité relative de chaque espèce de houille employée en ce port. ( *Enquête sur les Houilles*, p. 27. )

stratification différents et qu'ils désignent par les dénominations de veine du Nord, qui donne du charbon sourd, veine du Sud et veine du Centre qui donnent le charbon clair, et il paraît que les recherches qu'ils entreprennent d'après ces données sont assez généralement suivies de succès.

Quoi qu'il en soit de leur différence à l'œil, ces deux variétés de charbon sont d'une qualité égale pour la forge, pour tous les usages auxquels on les applique, et toutes deux donnent de très-beau coke par le procédé que je vais décrire sommairement tout à l'heure ; elles sont grasses, collantes, très-peu sulfureuses, mais sont remarquablement menues. A voir l'extrême friabilité de ces charbons dans les massifs qu'ils constituent, on dirait qu'ils ont été broyés par une cause quelconque, remaniés par des eaux assez limpides pour n'altérer en rien leur qualité, et qu'ils se sont ainsi déposés dans les espèces de poches où on les retrouve aujourd'hui. Ce qui est certain c'est que, dans leur gisement, ils ont toute l'incohésion qu'ils auraient si les choses s'étaient passées comme je viens de le dire. C'est sans doute à leur extrême ténuité que les charbons clairs doivent le poids que donne leur hectolitre, car à la main ils sont très-légers.

L'hectolitre ras de *charbon clair* pèse 85 kil.

L'hectolitre ras de *charbon sourd* pèse 75 kil.

Une série d'expériences faites à la fonderie de la marine royale à Indret (Loire-Inférieure), ont décidé, dans le temps, le gouvernement à passer un marché avec les mines de Languin, à cause de l'économie que leurs produits ont présentée relativement à l'emploi jusqu'alors exclusif des houilles de Saint-Étienne et de New-Castle. Le tableau suivant résume les résultats fournis par ces expériences :

| NATURE des CONSOMMATIONS. | | Machine de 12 chevaux. | Machine de 4 chevaux. | Fours à réverbère. | Fours à manche. | Fours à coke. | FORGES. Grands feux. — Corroyage. | OBSERVATIONS. |
|---|---|---|---|---|---|---|---|---|
| Charbon | par heure, et par force de cheval. | 5 k. 51 | 4k. 88 | | | | | |
| | pour 100 k. de fonte. | . . . . | . . . . | 66k. 62 | | | | |
| Coke pour 100 kil. de fonte. . | | . . . . | . . . . | . . . . . | 19k. 61 | | | |
| Coke pour 100 kil. de charbon. | | . . . . | . . . . | . . . . . | . . . . . | 61k, 03 | | |
| Charbon. . . ½ St.-Étienne. ½ de Languin. | p. 100 k. de fer. | . . . . | . . . . | . . . . . | . . . . . | . . . . . | 168k. 10 | Il remplace le St.-Étienne aux petits feux. |

Coke fabriqué.

On voit qu'un des résultats fournis par ces expériences, c'est que les houilles de Languin ont rendu 64. 05 de coke pour 100 de houille en poids. Avec les charbons de Saint-Étienne, traités de la manière la plus favorable, c'est-à-dire dans des fours, on obtient 66 pour 100. Je ne puis m'empêcher de croire que la houille de Languin, carbonisée dans des fours, rendrait au moins autant que celle de Saint-Étienne; et j'engage fortement à en faire l'essai, quitte à revenir au mode actuellement pratiqué, si ma supposition n'était pas vérifiée par l'expérience.

A Languin, lorsque l'on veut obtenir du coke, on ne le fabrique pas en vases clos. Dans une aire circulaire, entourée de briques, on dispose quelques conduits avec des briques que l'on pose à la main. Sur ces conduits on forme un lit de menu bois, lit qu'on recouvre d'une certaine épaisseur de houille un peu humectée et que l'on tasse avec un pilon. Lorsque tout l'espace est rempli on perce des trous de 0 m. 03 à 0 m. 04 avec un ringard, et alors on met le feu au bois. L'opération est facile à conduire, puisqu'il n'y a qu'à couvrir avec du frasil lorsque le feu arrive à la surface ou qu'il se forme des crevasses. Un tas de 80 hectolitres est quatre jours à se transformer complétement en coke. On obtient, par ce procédé, 60 de coke pour 100 de houille, ce qui est beaucoup; car, avec les houilles du Staffordshire, traitées en plein air, on n'obtient que 50 pour 100 (1); et à Saint-Étienne, par la méthode en banches, on n'obtient aussi que 50 pour 100 (2).

Le coke obtenu avec les charbons de Languin, soit charbon clair, soit charbon sourd, a toutes les propriétés d'un excellent coke et peut rivaliser avec les meilleurs cokes de Saint-Étienne. Il est remarquablement dense, car l'hectolitre de ce coke pèse 48 kil.; aussi observe-t-on, contrairement à ce qui a lieu avec les houilles d'Angleterre et du bassin de Saint-Étienne, que la houille de Languin augmente peu de volume en se carbonisant.

Il serait intéressant de connaître la composition des deux variétés de houille de Languin. En attendant que l'analyse de ces houilles soit faite, je placerai ici, comme terme futur de comparaison, l'analyse des charbons qui se consomment le plus habituellement à Nantes :

| | HOUILLE GRASSE DE Newcastle | HOUILLE GRASSE DE Rive-de-Gier. |
|---|---|---|
| charbon. | 0 760 | 0 665 |
| cendres. | 0 054 | 0 020 |
| matières volatiles. | 0 186 | 0 315 |
| | 1 » (3). | 1 » (4) |

M. Karsten, dans une analyse *médiate* de la houille de New-Castle, a trouvé :

| | |
|---|---|
| carbone | 0 8426 |
| hydrogène | 0.0320 |
| oxigène | 0 1267 |
| cendres | 0 0086 |
| | 1 0099 (5) |

(1) *Voyage métallurgique en Angleterre*, par MM. Dufrénoy et Élie de Beaumont, p. 443, in-8°. Paris, 1827.

(2) *Description du procédé de carbonisation de la houille, employé près de Saint-Étienne, à l'établissement du Janon*, par M. Delaplanche. (*Annales des Mines*, t. XIII, p. 513, 1re série.)

(3) *Traité des essais par la voie sèche*, par M. P. Berthier, p. 336, in-8°. Paris, 1834.— (4) *Ibid.*, p. 332.— (5) *Ibid.*, p. 329.

Prix de revient de la houille.

L'absence des livres, dont j'ai déjà parlé, m'a empêché de faire un relevé qui me permette de dire avec précision quel a été, jusqu'ici, le *prix de revient* du charbon à Languin. Du reste, cette absence est peu regrettable dans le cas présent, car la faiblesse de l'extraction, l'état de l'exploitation étaient tels, que probablement le charbon y revenait fort cher sans que l'on puisse tirer de ce prix aucune conséquence bien fructueuse pour l'avenir. Toutefois, quand je considère qu'à Languin on n'exploitera pas des couches régulières mais des amas isolés; quand je considère que, par suite, des travaux de recherche devront toujours marcher parallèlement avec les travaux d'exploitation proprement dits; si j'ajoute que, d'une autre part, l'épuisement des eaux nécessitera toujours des frais assez considérables, je crois que le charbon reviendra, à Languin, à un prix élevé relativement à ce qu'il coûte en Angleterre et même sur beaucoup de points en France. Je ne serais pas surpris quand, même avec une extraction importante, le prix de revient avoisinerait 0 fr. 80 c. par hectolitre. Dans les calculs auxquels je me livrerai plus loin, je supposerai que le charbon coûte 1 fr.

Prix de vente.

Ce qui conserve à Languin un avantage évident, c'est d'être placé près d'un centre important de consommation et de n'avoir à soutenir une concurrence sérieuse qu'avec des charbons qui ont un trajet considérable à faire pour atteindre Nantes. Ces rivaux sont les charbons anglais et belges, ceux de Saint-Étienne (Loire), ceux de l'Auvergne (Haute-Loire), Puy-de-Dôme, (Allier), et ceux de Decize (Nièvre). Il faut sans doute y joindre les charbons des concessions du bassin de la Basse-Loire; mais il reste à la concession de Languin, sur celle-ci, l'avantage d'être, par l'Erdre, comme aux portes de Nantes.

Voilà comment il arrive que, pour de forts marchés, la houille de Languin se vend à Nantes 2 fr. 50 à 2 fr. 75 c. l'hectolitre, et, qu'au détail, l'hectolitre se paie, *sur le carreau de la mine,* jusqu'à 3 francs, ce qui est d'autant plus exorbitant que probablement cette dernière vente se fait au comptant.

Prix de revient du coke.

En supposant que l'hectolitre de houille coûte à Languin 1 fr., comme la proportion du charbon *clair* au charbon *sourd* est :: 2 : 1 on aura :

| | kil. | kil. | fr. |
|---|---|---|---|
| 2 hectolitres de charbon *clair* à | 83 | 166 | 2 |
| 1 hectolitre de charbon *sourd* à | 75 | 75 | 1 |
| | | 241 | 3 |

D'où il résulte que le prix de la tonne (1000 k.) serait 12 fr. 448; or, le procédé *actuellement suivi* pour fabriquer du coke donnant un rendement de 60 p. 0/0, on a :

1,666 kil. de houille à 12 fr. 448. . . . 20 fr. 74 c.

A Decaleville on donne de façon 1 fr. 10 c. pour la fabrication à l'air libre, et en fours clos 0 fr. 85 c., par tonne de coke obtenu. Au Creusot, pour la fabrication en fours clos, on donne 1 fr. 25 c. par tonne et les frais d'outils et d'entretien s'élèvent à pareille somme; je compterai donc très-largement en admettant pour la *façon* et les *frais divers* le chiffre de. . . . . . . . . . . 2 fr. 25 c.

Prix d'une tonne de coke à Languin. . . . 22 fr. 99 c.

Dans les calculs que j'établirai plus loin, je compterai la tonne de coke à 24 fr.

Une des causes principales qui permettent de fonder de belles espérances sur les résultats qu'on peut obtenir de la concession de Languin, c'est la manière dont cette concession est placée pour les débouchés. Non-seulement, comme nous l'avons dit, elle se trouve au bord du canal de Nantes à Brest; mais l'Erdre est facilement, et en tout temps, navigable jusqu'à Nort, gros bourg qui est dans la concession même et qui est en relation immédiate et journalière avec Nantes par un service de bateaux à vapeur. De Nort à Nantes, en naviguant sur l'Erdre, il n'y a qu'une seule écluse à franchir, encore est-elle dans l'intérieur même de la ville.

Débouchés. Prix de transport.

Voici le détail des frais qu'entraîne le transport de Languin à Nantes :

| | Par hectolitre (supposé à 80 kil.). fr. | Par tonne (1000 kil.). fr. |
|---|---|---|
| Transport de Languin à Nort. . . | 0 20 | 2 500 |
| Mise à bord. . . . . . . . . | 0 05 | 0 625 |
| Transport de Nort à Nantes. . . | 0 15 | 1 875 |
| Droit d'entrée à Nantes. . . . . | 0 10 | 1 250 |
| Droit de navigation sur l'Erdre. . | 0 14 | 1 750 |
| Mesurage à Nantes. . . . . . . | 0 05 | 0 625 |
| Déchargement à Nantes. . . . . | 0 05 | 0 625 |
| Frais de magasinage à Nantes. . . | 0 25 | 3 125 |
| | 0 99 (1) | 12 375 |

Soit 1 fr. par hectolitre et 12 fr. 50 par tonne. On a donc, eu égard au prix de vente à Nantes, une marge de 1 fr. 50 à 1. 75 c. par hectolitre et de 18 fr. 75 à 21 fr. 87 c. par tonne, pour le *prix de revient* et le *bénéfice*. Si mes évaluations sont exactes, quant au prix de revient, on voit que celui-ci est doublé par le transport à Nantes et les frais, et qu'il reste pour le bénéfice 0 fr. 50 à 0 fr. 75 c. par hectolitre, 6 fr. 25 à 9 fr. 37 c. par tonne, ce qui est considérable. Or, Nantes est une place d'une grande importance; je ne sais pas quelle est précisément la consommation de cette ville; mais, ce qui est certain, c'est que, dans ces dernières années, cette consommation a crû dans une proportion très-rapide; car, malgré la plus grande activité donnée aux exploitations du bassin de la Basse-Loire, l'importation des houilles étrangères à Nantes a été :

| Années. | Kilogrammes. | Hectolitres. | |
|---|---|---|---|
| 1829 . . . . | 1,423,230 . . . . . | 17,791 | (2) |
| 1830 . . . . . | 1,423,280 . . . . | 17,791 | |
| 1831 . . . . | 1,446,400 . . . . | 18,080 | |

(1) Déclaration de M. Lemaître. (*Enquête sur les Houilles*, p. 89 et 90.)
(2) *Enquête sur les Houilles*, p. 239.

| | | |
|---|---|---|
| 1832<br>1833 | Je n'ai pas le chiffre de ces deux années. | |
| 1834 | 1,080,920 | 13,511 |
| 1835 | 5,167,480 | 64,593 |
| 1836 | 11,044,516 | 138,056 |
| 1837 | 21,315,880 | 266,448 |

Ainsi, dans les quatre années qui viennent de s'écouler, le chiffre de cette importation a vingtuplé. La rivalité des houilles du bassin de la Basse-Loire a obligé les étrangers à baisser leurs prix ; aujourd'hui l'importation des houilles belges est bien faible, et les bénéfices que font les exploitants anglais sur les houilles qu'ils exportent à Nantes, doivent être, à cause des droits, extrêmement restreints Les charbons se vendaient à Nantes en 1832 (1) :

| | |
|---|---|
| Ceux du bassin de la Basse-Loire (Montrelais, Mouzeil, Montjean, Languin, etc. | 2 fr. à 2 fr. 50 |
| Decize (Nièvre). | 3 30 |
| Saint-Étienne (Loire). | 4 |
| D'Angleterre. | 3 25 |
| De Belgique. | 3 25 |
| Ils se vendent en 1838 : | |
| Ceux de Languin. | 2 75 |
| Charbons maigres de Mouzeil. | 2 20 |
| Charbons gras de Saint-Étienne. | 3 fr. à 3 fr. 50 |
| de Newcastle. | 3 à 3 50 |

L'ensemble des renseignements que je viens de présenter peut servir de base pour discuter le parti qu'il convient de tirer de Languin comme houillère ; mais il est un second aspect sous lequel cette concession peut être envisagée. On trouve dans les environs de Languin les deux autres éléments de la fabrication de la fonte, et je dois en faire maintenant mention, pour rassembler toutes les données sur lesquelles nous aurons à raisonner dans le second chapitre.

(1) *Enquête sur les Houilles,* p. 86.

## SECTION II.

### Environs de la concession de Languin.

Les environs de Languin offrent des minerais de fer d'une grande richesse, un dépôt de calcaire très-propre à être employé comme castine, et des argiles propres à la fabrication des briques réfractaires. Déjà, il y a quelques années, un haut-fourneau a été construit à la Jahotière, et s'il est vrai de dire que l'entreprise a complétement échoué, on peut affirmer que ni l'abondance, ni la qualité, ni même le prix de revient des matières premières n'ont été la cause de l'insuccès de cet établissement. On en pourra juger, du reste, par les détails dans lesquels je vais entrer; mais je dois parler d'abord des gisements de minerais, de castine et d'argiles.

### ARTICLE PREMIER.

#### Gisements de minerais, de castine et d'argiles.

Les minerais de fer se rencontrent en abondance sur plusieurs points qui forment un arc de cercle autour des travaux de Languin; la castine ne s'observe que sur un point: il en est de même de l'argile réfractaire. Je décrirai les gisements de ces diverses substances dans des paragraphes distincts. — A trois lieues (environ 7 milles et demi) au nord de Languin se trouve le gros village d'Abbaretz; ce point est assez voisin des gisements que j'ai à faire connaître, et en même temps assez facile à retrouver sur la carte de Cassini (N° 150), pour que je m'en serve souvent comme point de repère.

#### *Premier paragraphe.*

##### Minerais de fer.

Premier Gisement. Le gisement le plus rapproché est, entre le hameau de la Hutte et et celui des Loges, à deux lieues et demie au nord-nord-ouest de Languin et à trois quarts de lieue au sud-ouest d'Abbaretz. Là le minerai de fer oxydé-hydraté, dont la pesanteur décèle la richesse, couvre un plateau étendu, et repose sur les roches anciennes. L'épaisseur de la couche qu'il forme n'est pas connue, mais des fossés de plus d'un mètre tracés dans l'unique but d'entourer de mauvais champs sont entièrement creusés dans le minerai. On peut dire en toute rigueur qu'il n'y a qu'à prendre.

A 5 ou 600 mètres à l'est de ce premier gisement se trouve un second gisement de minerai analogue, mais qui se distingue cependant du précédent par une certaine abondance de quartz répandu en filons dans le fer oxydé. Du moins plusieurs énormes blocs qui sont épars dans le champ que j'ai parcouru offrent ce caractère et m'ont donné quelques doutes sur l'opinion qui rapporte ces couches ferrifères à l'époque tertiaire. Ces minerais n'étant recouverts sur aucun point, il est peut-être difficile de prononcer sur leur âge géologique; en tout cas le fait essentiel c'est que ce dépôt n'est ni moins abondant ni moins riche que le précédent.

Deuxième Gisement.

Ces deux gisements ne sont pas et n'ont jamais été exploités. Le troisième gisement a une étendue considérable (trois quarts de lieue environ) sur la lisière sud de la forêt de Larche, située à trois lieues et demie au nord-est de Languin, et à une lieue trois quarts à l'est d'Abbaretz. Là le même minerai est abondamment répandu en boules, en fragments irréguliers quelquefois énormes, dans une argile d'où on le dégage facilement, et à 3 ou 4 mètres de profondeur il forme de véritables bancs horizontaux reposant sur les tranches des schistes redressés verticalement, bancs qui peuvent véritablement fournir à une extraction indéfinie. Le haut-fourneau de la Jahotière avait été construit à 600 mètres au sud de ce gisement, d'où, encore en ce moment, on extrait du minerai pour les deux fourneaux de *Moisdon* (arrondissement de Châteaubriand) établis sur les bords de la petite rivière du Don.

Troisième Gisement.

L'extraction est trop simple pour mériter d'être décrite. L'ouvrier, après avoir dégagé les fragments, les casse en morceaux gros comme des noix, et il en forme des tas que les pluies lavent et qui se trouvent ainsi purifiés du peu d'argile qui les souille. Lorsque les fragments sont très-gros, on les divise à la poudre.

On donne : pour le terrain. . . . . . 0 fr. 375 par *pipe* qui pèse 900 kilog. et cube 12 pieds un tiers;

Pour extraction et cassage. . . . 1 fr. 50 c.

Prix de 900 kilog. . . . . . . . 1 fr. 875

Ce minerai revient donc *sur place* à 2 fr. 075 par tonne (1,000 kilog.) ; on peut estimer que, dans l'état actuel des chemins, il en coûterait 4 fr. pour le transport à 3 lieues et demie. Les minerais de la forêt de Larche, c'est-à-dire du gisement le plus éloigné, doivent donc être considérés comme devant coûter à Languin 6 fr. par tonne, prix très-bas si l'on considère que ces minerais rendraient, moyennement, au moins 40 p. 0|0, comme nous pourrons en juger tout à l'heure par les résultats obtenus à la Jahotière.

Autres Gisements.

Il paraît que les coteaux qui s'étendent vers Meylleraie sont aussi couverts de minerais, et, sous ce rapport, l'arrondissement de Châteaubriand peut être considéré comme extrêmement riche, puisqu'on y connaît, indépendamment des dépôts que je viens de citer, les mines de Rougé qui alimentent le fourneau de *la Hunaudière*, commune de Ston, canton de Derval (arrondissement de Châteaubriand); le fourneau de Martigné (Ille-et-Vilaine), et, en partie, le fourneau de l'Épervière situé dans l'arrondissement de Segré (Maine-et-Loire), très-près de la limite du département de la Loire-Inférieure. La mine de fer hydraté de Rougé, exploitée à ciel ouvert, paraît être un banc énorme touchant au grès quartzeux, circonstance qui semble indiquer, dit M. Dubuisson (1), que ces deux roches sont contemporaines.

Le minerai de fer paraît être très-abondant entre Mars-Petit et Moisdon, sur les plateaux des coteaux qui séparent la vallée de l'Erdre de

(1) *Essai d'une méthode géologique, ou Traité abrégé des Roches*, par M. Dubuisson, p. 66, in-8°. Nantes, 1819.

celle du Don; car indépendamment des gisements que j'ai sommairement décrits et des usines que j'ai nommées, l'arrondissement d'Ancenis possède à *la Poitevinière-en-Riaillé,* sur la rive gauche de l'Erdre, un haut-fourneau qui se trouve à 5 lieues et demie au nord-est de Languin et qui s'alimente de minerai dans son propre voisinage.

Les quatre hauts fourneaux de l'arrondissement de Châteaubriand marchent au bois, et leurs machines sont mues par des cours d'eau.

Minerai de Maisdon.

Indépendamment des ressources nombreuses que présente cette localité pour s'approvisionner de minerai de fer, on connait, sur la rive gauche de la Loire, à Maisdon (arrondissement de Nantes) près des limites des communes de Saint-Fiacre et de Château-Thibaut, une masse de minerai de fer qui a, dit-on, plus de 30 mètres d'épaisseur et qui occupe une surface d'au moins 40 hectares. Ce gisement est remarquablement situé par rapport à Languin, puisqu'il est placé au bord de la Sèvre-Nantaise, rivière qui est navigable à partir de Monnières, et qu'ainsi les produits arriveraient par eau jusqu'à Nort. Ce minerai n'est pas très-riche, cependant il a rendu, à l'essai, 31 p. 0|0; il faudrait ne pas perdre de vue qu'en petit il a donné un culot de fonte blanche, et que son analyse par la voie humide y a dénoté la présence d'environ 9 p. 0|0 d'oxide de titane et de 10 p. 0|0 de magnésie, ce qui obligerait à une addition de quartz pour le fondre, et, par suite, à l'emploi d'une grande quantité de castine (1). Malgré ces circonstances, j'ai dû indiquer ici l'existence de ce minerai, qui, mélangé dans de certaines proportions que la pratique indiquerait, pourrait être utile, quand ce ne serait que pour éviter de recevoir la loi des voituriers qui transporteraient les minerais des autres points que j'ai nommés.

### *Deuxième paragraphe.*

#### Castine.

Près de Saffré, à une lieue et demie au nord-ouest de Languin, se

(1) *Analyse du fer titané de Maisdon,* par M. Berthier. (*Annales des Mines,* t. XIII, p. 214-218, 1re série.)

trouve un lambeau de calcaire tertiaire exploité depuis un temps immémorial pour faire de la chaux, et d'où l'on a tiré la castine nécessaire au fourneau de la Jahotière. La surface du terrain est criblée d'excavations aujourd'hui couvertes de landes; ces excavations étaient autant de petites carrières dont la profondeur n'a jamais dépassé, dit-on, 7 à 8 mètres, et que l'on abandonnait probablement chaque année lorsque la mauvaise saison amenait les eaux. Il serait indispensable de régulariser cette extraction si l'on avait à tirer de ce point la castine d'une usine importante; mais il n'y a pas lieu à entrer dans ces détails pour le moment.

Dans l'état actuel des choses, cette extraction coûte 20 fr. par toise cube, dont le poids est d'environ 20,000 kilog.; c'est donc par tonne. . . . . . . . . . . . . . . . . . . . . . . . 1 fr.
On peut estimer le transport à Languin (une lieue et demie) à 3 fr.
Ensemble. . . . . . . . . . . . . . . . . . . 4 fr.

Tel est le prix maximum au quel on doit compter que reviendrait la castine rendue à Languin.

Il est probable qu'on pourrait se procurer, au même prix, de la castine provenant des bords de la Loire, vers Montrelais et Ancenis, où les roches qui avoisinent le terrain carbonifère sont souvent calcaires (1) Je n'ai pas visité ces localités où je sais qu'il se fabrique beaucoup de chaux; peut-être le calcaire qu'on y observe se rapporte-t-il au calcaire à encrines (*mountain limestone* des Anglais). Ce qui importe ici, c'est que le calcaire y existe, qu'il pourrait facilement descendre la Loire, remonter l'Erdre jusqu'à Nort, et approvisionner en tout temps une usine qui existerait à Languin, si les mauvais chemins étaient un obstacle pour en tirer de Saffré.

*Troisième paragraphe.*

**Matériaux réfractaires.**

A 2 lieues 3/4 de Languin, sur le chemin que l'on suit pour se ren-

(1) *Journal des Mines*, t. I-II, n° 8. Voir le tableau placé page 36.

dre de la mine à la Jahotière, on trouve, au hameau de La Lirais, une argile avec laquelle on a fait de très-bonnes briques réfractaires. Cette argile est blanche, onctueuse au toucher : pour l'employer on en mêlait une partie avec deux parties d'un sable quartzeux qu'on allait prendre à la Corbière, à 3/4 de lieue au nord-est de la Jahotière. Il paraît que les briques ainsi fabriquées se sont très-bien comportées au feu du haut-fourneau ; ce que je puis affirmer, c'est que j'en ai brisé quelques-unes et que leur cassure ressemble, à s'y méprendre, à celle des briques si justement renommées du Montet (Saône-et-Loire). On comptait qu'avec une fabrication bien entendue et marchant régulièrement on pourrait établir ces briques réfractaires à 50 fr. le mille.

On a aussi employé dans l'intérieur du fourneau de la Jahotière un grès blanc qu'on avoit tiré d'un point situé près et au nord d'Angers.

## ARTICLE II.

### Usine de la Jahotière.

Il est évidemment utile de consigner ici, puisqu'ils serviront peut-être plus tard, quelques-uns des résultats obtenus à la Jahotière, établissement qui n'a duré que le temps nécessaire pour essayer en grand les matières premières du pays, expérience coûteuse qui doit du moins fructifier à d'autres, et qui nous permettra d'établir nos calculs sur une base positive.

Une ordonnance royale, en date du 2 juillet 1828 (1), avait autorisé la construction de deux hauts-fourneaux à *la Jahotière*, commune d'Abbaretz, canton de Nozey. Dès le 28 septembre 1826, une société en commandite s'était formée au capital de 900,000 fr., capital qui, un an après, fut porté à 1,500,000. Les travaux avaient été immédiatement commencés, l'emplacement pour l'usine avait été choisi près du

(1) *Annales des Mines*, t. VI, p. 469, 2e série.

domaine de la Jahotière, à une lieue 3/4 à l'est d'Abbarets, et à 600 mètres au sud des minerais de la forêt de Larche. Énumérer la série des fautes qui furent commises dans l'emploi et le maniement du capital social serait superflu ici : je me contenterai de dire qu'en mai 1828, époque à laquelle la gérance changea de mains, toutes les constructions principales étaient achevées. Ces constructions consistaient en :

1° Un haut-fourneau de 13m. 65 cent, (42 pieds) de hauteur.
2° Une fonderie de 20 mètres de longueur sur 10 de largeur, placée devant le fourneau et dont le grand côté était parallèle à la tympe.
3° Un bâtiment pour la machine soufflante qui était mue par une machine à vapeur à basse pression de la force de 25 chevaux, et avait un régulateur à eau.
4° Une cheminée de 38 mètres de hauteur.
5° Un bâtiment de chargement de 15 mètres de hauteur.
6° Un plan incliné de 65 mètres de long sur $6^{m}$ 18 de large, supporté par des arcades, et garni d'une rampe à balustre de chaque côté.
7° Six fours à coke rectangulaires et à air libre.
8° Huit halles à coke, dont deux couvertes.

Les accessoires, comme forge, menuiserie, charpenterie, ateliers de tours et d'ajustage, etc., étaient placés dans des bâtiments dépendants du domaine et n'avaient pas nécessité de constructions nouvelles.

Des entraves de diverse nature vinrent longtemps retarder la mise en activité de l'établissement, lorsqu'enfin le 6 février 1829 le fourneau fut mis en feu. Avant de parler de ses produits, je dirai un mot des matières premières qui y furent employées.

*Le minerai* provenait exclusivement de la forêt de Larche; il coûtait, rendu au pied du plan incliné :

| | PAR PIPE (900 KILOG.) | |
|---|---|---|
| | MINERAI cru. | MINERAI grillé. |
| | f. c. | f. c. |
| Extraction et transport. | 1 10 (1) | 1 10 |
| Cassage. | 0 75 | |
| Grillage. | | 1 » |
| | 1 85 | 2 10 |
| Pour 100 kilog. | 0 2055 | 0 233 |
| Par tonne (1000 k.). | 2 0555 | 2 333 |

On mélangeait ordinairement 1/3 de minerai grillé avec 2/3 de minerai cru, ce qui faisait une moyenne de 2 fr. 15 c. par tonne de minerai employé, et, du reste, on ne voit pas à quoi servait ici le grillage. On rapporte que dans l'opération du grillage le minerai de la forêt de Larche augmentait de poids : ce serait une analogie remarquable avec le minerai de Maisdon, dont j'ai parlé plus haut (page 31) ; mais ce dernier est magnétique, et celui de la forêt de Larche est absolument sans action sur le barreau aimanté.

*La castine* provenait de Saffré, qui était à 3 lieues au sud-ouest de la Jahotière ; elle revenait à 60 fr. la toise cube (environ 20,000 kil.), rendue à l'établissement, c'est-à-dire à 3 fr. la tonne, prix dans lequel le transport entrait pour les 2/3. On pensait avec raison que ce prix pourrait être notablement diminué par une extraction mieux entendue.

*Le coke* était fabriqué sur place avec des houilles tirées de Mouzeil, houilles qui, par conséquent, avaient supporté un transport de plus de 4 lieues.

| | L'hectolitre. | La tonne. |
|---|---|---|
| On les achetait sur place. | 1 25 | 12 50 |
| On payait de transport | 0 70 | 7 » |
| | 1 95 | 19 50 |

Chiffres auxquels on voit que ces houilles pèsent jusqu'à 100 kilog. l'hectolitre, ce qui est un fait exceptionnel.

(1) On n'avait rien à payer pour le terrain, il appartenait à la Compagnie.

On recevait 1/3 de gros, 2/3 de menu, et comme d'une part on ne tirait moyennement, par le mode de carbonisation adopté, que 50 de coke pour cent de houille employée; que d'une autre part on donnait 0 f. 50 c. par hectolitre de coke fabriqué et transporté au pied du plan incliné, cela revient à dire que l'on consommait du coke qui coûtait, en supposant 40 kil. par hectolitre :

| | |
|---|---|
| Deux tonnes de houille . . . . . . . . . . | 39 » |
| Fabrication et transport. . . . . . . . . . . | 7 50 |
| Prix d'une tonne de coke à la Jahotière . . . . . | 46 50 |
| Ce qui coûte au Creusot (Saône-et-Loire). . . . . | 12 50 |
| à Saint-Étienne (Loire) à l'air libre, | 11 87 |
| à Decazeville (Aveyron) . . . . . | 11 » |
| Ce qui coûtera au plus à Languin (Loire-Inférieure). | 24 » |

Tels sont les éléments avec lesquels on se mit en marche le 6 février 1829. Les précautions habituelles d'une mise en feu furent prises, et après avoir successivement augmenté les charges, celles-ci, au bout de trois semaines, se composaient de :

| | |
|---|---|
| 9 rasses de coke ou 5 hectolitres, ou. . . . . . | 200 kil. |
| On ajoutait en outre 1 rasse d'escarbilles. | |
| 16 bâches de mineral, ou environ . . . . . . | 400 |
| 6 bâches de castine, ou environ . . . . . . | 100 |
| 2 bâches de scories. | |

Seize charges ainsi composées, passées en 8 heures, ont produit 2,800 kilog. de fonte, environ 8 tonnes 1/2 en 24 heures.

On a donc eu, en ne considérant que les matières premières :

| | POUR 2800 KILOG. | POUR UNE TONNE (1000 K.) | |
|---|---|---|---|
| | | MATIÈRES. | ARGENT. |
| k. | k. | k. | f. |
| Coke. . 200 × 16 = | 3200 | 1143 | 53 15 |
| Minerai. 400 × 16 = | 6400 | 2286 | 4 92 |
| Castine. 100 × 16 = | 1600 | 571 | 1 71 |
| | | | 59 78 |

D'où il résulte que l'on a consommé 1, 14 de coke pour produire 1 de fonte en poids, et que le minerai a rendu 43, 75 pour cent. Sous le rapport métallurgique, comme sous le rapport du prix de revient, ces résultats sont très-favorables, comme on en peut juger par le tableau suivant :

*Hauts-fourneaux.*

| MATIÈRES PREMIÈRES. | D'ANGLETERRE. | | DE FRANCE. | | | | | | |
|---|---|---|---|---|---|---|---|---|---|
| | Staffordshire (1) | Pays de Galles (2). | St-Étienne (Loire.) (3) | Alais (Gard.) (4) | Creusot. (Saône-et-Loire.) | | Decazeville (Aveyron). Octobre 1837. | | |
| | | | | | 1830 (5). | 1831. | n. 2. | n. 4. | n. 5. |
| | fr. c. | fr. c. | fr. c. | fr. c. | fr. c. | fr. c. | fr. c. | fr. c. | fr. c. |
| Combustible. | 28 50 | 17 50 | 33 » | 33 » | 30 50 | 36 81 | 36 11 | 38 47 | 43 89 |
| Minerai. . . | 25 50 | 37 20 | 99 » | 37 80 | 48 50 | 37 76 | 43 36 | 37 74 | 43 81 |
| Castine. . . | 5 20 | 1 50 | 16 » | 4 » | 1 50 | 1 12 | 3 80 | 3 14 | 2 38 |
| Totaux. . . | 59 | 56 | 148 » | 71 80 | 80 50 | 75 69 | 83 27 | 79 35 | 90 08 |

Les frais qu'il faut ajouter, par tonne de fonte, au prix des matières premières, varient généralement de 17 à 20 fr., *sans compter les frais généraux*, et ces frais se décomposent ainsi :

| | | | |
|---|---|---|---|
| Main-d'œuvre. . . . . . . . . . . | 8 | à | 9 fr. |
| Vent . . . . . . . . . . . . . | 5 | à | 5 50 |
| Outils et frais divers . . . . . . | 2 | à | 2 50 |
| Entretien . . . . . . . . . . . | 2 | à | 3 |
| | 17 | à | 20 |

Dans la désastreuse affaire de la Jahotière, aucun approvisionnement

(1) *Voyage métallurgique en Angleterre*, par MM. Coste et Perdonnet, p. 45, in-8°. Paris, 1830.

(2) *Ibid.*, p. 67.

(3) *Enquête sur les Fers*, p. 172, in-4°, de l'imprimerie Royale. Paris, 1829.

(4) *Ibid.*, p. 181.

(5) *Mémoire sur le chemin de fer de Gray à Verdun*, par M. Henri Fournel, p. 61, in-8°. Paris, 1831.

n'avait été fait, à ce point que vers le 20 mars, après six semaines de marche, la provision de combustible se trouva épuisée et que le fourneau fut mis hors. Ce qu'il est important de remarquer ici, c'est que la fonte obtenue, *tant que le fourneau fut en bonne marche*, fut d'excellente qualité. C'était une fonte grise à gros grains (*kishy-iron*) qui, refondue dans une fonderie de Nantes (chez M. Mesnil), a rivalisé avec les meilleures fontes anglaises; on a cru remarquer cependant que les pièces fondues avec les fontes de la Jahotière avaient un peu moins de ténacité que celles obtenues avec les fontes anglaises.

Ici se termine l'exposé des faits. Après avoir fait connaître l'état des travaux de Languin, et rassemblé toutes les notions qui nous intéressaient dans la contrée, il me reste à discuter tous ces éléments pour arriver à une conclusion sur le meilleur mode qu'il convient d'adopter pour en tirer parti.

## CHAPITRE II.

### Examen du parti qu'il convient de tirer de la concession de Languin.

Nous aurons à examiner tout à l'heure ce qui offrira le plus d'avantage à la Compagnie, ou de vendre son charbon, ou de le consommer elle-même pour fondre les minerais de fer du voisinage, et ce sont les chiffres qui décideront cette question. Mais quelle que soit la conclusion à laquelle ceux-ci nous conduiront, nous voyons d'abord, par ce qui précède, que le point le plus important, le travail qui doit précéder tous les autres, c'est la mise en activité de la mine; car, dans son état actuel, d'une part elle ne donnerait aucun bénéfice comme houillère; d'une autre part elle ne suffirait pas à l'alimentation d'un seul haut-fourneau. J'essaierai donc, 1° de tracer la marche à suivre pour mettre les travaux en état de fournir à une extraction plus ou moins abondante ; 2° j'examinerai quels avantages la Compagnie devra tirer de la construction d'un ou plusieurs hauts-fourneaux.

## SECTION I.

### Mine de Langeln.

J'ai étudié attentivement le plan général d'exploitation proposé, dès 1855, par l'ingénieur actuel de la mine, M. Théobald. Ce plan, qui a déjà reçu un commencement d'exécution par le fonçage du puits Emma, m'a paru bien conçu, et je pense qu'il y a lieu de poursuivre son exécution avec activité. Seulement j'y proposerai tout à l'heure une modification qui me paraît importante. Travaux à exécuter.

Ce plan consiste essentiellement : 1° à foncer à la profondeur de 230 à 240 mètres un puits d'exhaure qui recevrait toutes les eaux du premier groupe de travaux et sur lequel serait placée une machine de la force de 120 à 150 chevaux exclusivement destinée à l'épuisement ;

2° A donner au puits 2 les dimensions nécessaires pour qu'il permette le mouvement de deux bennes, et à l'approfondir au même niveau de 230 à 240 mètres ;

3° A percer une galerie principale d'allongement qui servirait, 1° à écouler les eaux vers le puits Emma ; 2° à établir un bon airage et 3° au roulage du charbon jusqu'à l'accrochage du puits 2 ;

4° A pousser à droite et à gauche de cette galerie principale des recherches sur les massifs reconnus ou à reconnaître.

La modification que je proposerais consisterait (après avoir, bien entendu, mis le puits 2 en communication avec le puits Emma à la profondeur de 235 mètres) à percer la galerie principale perpendiculairement à la direction proposée et par conséquent à travers bancs, puis, de cette galerie principale je ferais partir au sud-est et au nord-ouest une série de galeries suivant l'allongement des massifs, galeries dans lesquelles des coupements parallèles à la galerie principale permettraient d'établir des tailles plus ou moins nombreuses. Les princicipaux avantages que cette modification me présente sont les suivants : 1° Cette galerie serait une reconnaissance, sur une grande échelle, d'un terrain qui, à cette profondeur, est tout entier à explorer, et cette reconnaissance se trouverait faite par un travail destiné à rester, à être utile en tout temps. 2° La galerie principale, se trouvant percée à travers bancs, aurait une solidité qu'on ne peut pas espérer lui donner si on la pousse dans la direction des schistes.

On voit comment l'ensemble de ce plan permettrait de s'avancer sans crainte sous tous les anciens travaux, puisque les eaux qu'ils pourraient donner auraient toujours un écoulement vers le puits Emma et seraient élevées par la machine. — La première galerie d'allongement devrait se diriger vers le puits 4, auquel on donnerait aussi la profondeur convenable, et sur lequel on placerait une machine de 20 à 25 chevaux ; on aurait ainsi deux puits d'extraction bien assurés. J'ajouterai que, vu le peu de solidité qu'offrent souvent les schistes du terrain carbonifère de Languin, il me paraîtrait prudent, en continuant les fonçages, de substituer le cuvelage complet au mode de boisage actuellement pratiqué.

En même temps que ces travaux s'exécuteraient, il conviendrait de faire des recherches en se rapprochant de Nort pour préparer un nouveau champ d'exploitation.

Dépenses à faire.

Maintenant, quelle dépense entraîneraient tous les travaux dont je viens de parler ? Il ne faut pas se faire illusion : de tous les devis, les devis pour travaux de mines sont ceux qui offrent le plus d'incertitude, parce que les circonstances imprévues sont toujours très-nombreuses ; toutefois je vais essayer de faire une évaluation qu'il ne faut considérer que comme *un aperçu*.

Nous avons vu ( page 17 ) que le puits Emma, qui a aujourd'hui 126 mètres 60 cent., a coûté, pour arriver à cette profondeur, 105 fr. par mètre ; j'établirai tous mes calculs sur 200 fr. par mètre.

| | |
|---|---|
| Pour approfondir le puits Emma jusqu'à 235 mètres, il reste à foncer 110 mètres, à 200 fr. l'un . . . . . . . . . . . . . . . . . . . | 22,000 |
| Machine d'épuisement de 120 chevaux avec les pompes, les tuyaux, les divers appareils . . . . . . . . . . . . . . . . . . . . | 150,000 |
| Bâtiment de la machine. . . . . . . . . . . . . . . . . . . . | 20,000 |
| Je supposerai que le puits 2, qui a déjà 136 mètres, mais qui doit être élargi, boisé de nouveau et approfondi de 100 mètres, entraîne la même dépense que s'il devait être foncé entièrement à 200 mètres. . . . . | 40,000 |
| Idem pour le puits 4, qui n'a aujourd'hui que 52 mètres. . . . . . . | 40,000 |
| Machine du puits 4 (25 chevaux) . . . . . . . . . . . . . . | 25,000 |
| Bâtiment de cette machine. . . . . . . . . . . . . . . . . . | 6,000 |
| Matériel des puits 2 et 4, tel que câbles, chaînes, bennes, wagons pour l'intérieur, molettes, ponts roulants, fers, outils. . . . . . . . . | 27,000 |
| 1,000 mètres de galeries intérieures à 50 fr. par mètre . . . . . . . | 50,000 |
| Surveillance, travaux divers . . . . . . . . . . . . . . . . | 20,000 |
| Total des frais de création . . . . . | 400,000 |

Deux années seraient largement suffisantes pour exécuter tous ces travaux. Mais ce n'est pas tout; l'exploitation une fois créée, il faut, avant de vendre, extraire et transporter à Nantes; or nous avons vu qu'il fallait compter l'hectolitre de charbon de Languin comme revenant à 2 fr. rendu à Nantes; si donc on suppose que la Compagnie tire 100,000 hectol. avant qu'elle puisse commencer à avoir des rentrées, il faut supposer qu'elle a un fond de roulement de 200,000 f.

Si j'ajoute pour frais généraux pendant les 2 années 50,000

J'aurai pour le fond de roulement. . . 250,000

Ce qui porte le capital social à 650,000 fr. sans compter le prix d'acquisition que je ne connais pas.

Bénéfices à espérer.

Dans les cas ordinaires, lorsque l'on exploite des couches régulières, on tire facilement d'un seul puits 1,000 à 1,200 hectolitres en vingt-quatre heures. Mais avec la nature du gisement de Languin on ne peut pas calculer d'après cette donnée. Nous avons vu qu'il s'agit d'exploiter des massifs très-friables, dans lesquels on ne peut pratiquer que des tailles étroites, et que là, il sera plus difficile qu'ailleurs de multiplier les tailles; je crois être dans le vrai en réduisant à 1,200 hectolitres (96 tonnes) pour les deux puits l'extraction journalière de Languin, après que les travaux dont j'ai parlé auront été exécutés. Pour 300 jours de travail, c'est un produit de 360,000 hectolitres par an, ou 28,800 tonnes. D'après ce qui précède, ces 360,000 hectolitres

| | |
|---|---|
| coûteraient. . . . . . . . . . . . . . . . | 360,000 f. |
| Soit pareille somme pour le transport à Nantes, les droits, les frais de magasinage . . . . . . . | 360,000 |
| | 720,000 |
| 360,000 hectolitres vendus à Nantes sur le pied de 2 fr. 50 c. par hectolitre produiraient . . . . | 900,000 |
| Et il resterait un bénéfice de. . . . | 180,000 |
| A 2 fr. 75 c., *prix actuel*, le bénéfice serait de . . | 270,000 |

C'est-à-dire qu'il rembourserait en un an et demi tous les frais de création.

## SECTION II.

### Usine à fer à Languin.

Nous avons vu que les environs de Languin pouvaient fournir en abondance les éléments propres à la fabrication de la fonte, et il résulte de tout ce qui précède qu'on pourrait obtenir à Languin :

Le coke à 24 fr. la tonne.
Le minerai à 6 fr. dito.
La castine à 4 fr. dito.

Tels sont les éléments avec lesquels nous allons évaluer le prix d'une tonne de fonte fabriquée à Languin en nous servant des résultats obtenus à la Jabotière (voyez page 36) et sans tenir compte de la qualité évidemment supérieure du coke de Languin comparé à celui qu'on obtenait avec les charbons de Mouzeil.

| | | | | |
|---|---|---|---|---|
| Coke | 1143 k | à 24 fr. | 27 fr. | 432 |
| Minéral | 2286 | à 6 | 13 | 716 |
| Castine | 571 | à 4 | 2 | 284 |
| | | | 43 | 432 |

Si l'on compare ce chiffre avec ceux du tableau que j'ai placé page 37, on verra qu'il est difficile de se trouver, quant aux matières premières, dans des circonstances plus favorables pour produire la fonte ; car si à ce prix d'environ. . . . . . . . . . . . . . . 43 f. 50 c.
j'ajoute le maximum des autres frais . . . . . . . 20

je n'aurai, pour le prix de revient d'une tonne de fonte à Languin, que . . . . . . . . . . . . . . . 63 50

Prix excessivement bas auquel il ne reste cependant à ajouter que les frais généraux et le transport à Nantes. Je crois compter largement en mettant 26 fr. 50 c. pour ces deux dépenses et en admettant que la tonne de fonte en gueuse rendue à Nantes coûtera 90 francs.

Or le cours actuel des fontes pour fer est 150 à 160 fr. la tonne.

Celui de fontes pour moulerie 200 à 210 fr. la tonne.

On aurait donc, au minimum, suivant la qualité de fonte produite, l'énorme bénéfice de 60 à 70 fr. par tonne au lieu de 12 à 15 fr., bénéfice que l'on aurait pu faire en vendant les 24 hectolitres de houille qui ont produit les 1,145 kilogrammes de coke employé pour fabriquer une tonne de fonte. Il est permis de conclure qu'un haut-fourneau qui produirait à Languin 8 tonnes 1/2 de fonte par jour et qui consommerait 100,000 hectolitres de houille par an (1) procurerait un bénéfice minimum de 200,000 fr., et quintuplerait le bénéfice à faire sur le combustible qu'on y consommerait.

Je ne prétends pas que les chiffres que je donne ici ne puissent pas être légèrement modifiés par la pratique ; mais si l'on veut bien considérer que, d'une part, ils s'appuient sur l'expérience faite en grand à

(1) Je comprends, dans ces 100,000 hectolitres, l'alimentation de la machine soufflante et l'approvisionnement d'un atelier pour la réparation des outils.

la Jahotière; que, d'une autre part ils laissent une marge considérable entre le prix de revient et le prix de vente, on admettra qu'il faudrait renoncer à toute évaluation si celle-ci ne paraissait pas décisive dans la question que j'examine. Il y a d'autant plus de raisons pour admettre que l'avenir de Languin est dans l'établissement d'un ou plusieurs hauts-fourneaux que le charbon de cette localité est, en totalité, du charbon menu ; qu'une partie (le charbon *sourd*) a une apparence qui lui sera toujours défavorable dans le commerce, et que ces deux circonstances réunies peuvent être un obstacle sérieux au placement des produits quand ils seront abondants.

Quelle dépense entraînera à Languin la construction d'un haut-fourneau et de ses dépendances?

| | |
|---|---|
| Je crois qu'il convient de compter, pour le fourneau. . . . . . . . . . . . . . | 40,000 fr. |
| Pour une machine de vingt-cinq chevaux avec machine soufflante capable de donner 2,400 pieds cubes d'air par minute. | 50,000 fr. |
| TOTAL. . . . . | 90,000 fr. |

et de doubler ce total pour les bâtiments et dépendances nécessaires. Soit donc pour cet établissement 180,000 fr.

On devra bien se garder, pour élever le coké au niveau du gueulard, de construire un plan incliné; les moyens plus simples et plus économiques ne manquent pas.

La main-d'œuvre et les pierres de construction sont à très-bas prix dans le pays, ce qui rend d'autant plus inexplicable l'énormité des dépenses faites à la Jahotière; mais les bois de construction doivent être chers à cause du voisinage des chantiers de Nantes. La brique revient aussi à Languin à un prix plus élevé que sur beaucoup d'autres points.

En Belgique un mille de briques se vend 12 à 15 fr., mais ne revient, à celui qui le fabrique, qu'à 8 fr.

Au Creusot et à Decazeville, 10 fr. ;

A Languin, 15 fr.

Si la Compagnie se décide à construire un haut-fourneau, elle devra considérer que des approvisionnements devront être faits d'avance, qu'elle devra aussi faire l'avance du prix de transport des fontes à Nantes, que les fontes se vendent payables à six mois de terme, que, par conséquent, son fond de roulement devra être calculé dans ces prévisions. Or pendant six mois de travail, le haut-fourneau et le transport de ses produits à Nantes coûteraient. . . . 100,000 fr.
qu'il faut ajouter aux . . . . . . . . . . . . 250,000 fr.
que j'ai déjà comptés (page 41) pour le fond de roulement de la mine, ce qui portera le fond de roulement au total de . . . . . . . . . . 350,000 fr.

Nous avons donc en résumé :

| | |
|---|---|
| Travaux de création de la mine . . . . | 400,000 fr. |
| Construction d'un haut-fourneau et dépendances . . . . . . . . . . . . | 180,000 fr. |
| Fond de roulement de l'ensemble. . . . | 350,000 fr. |
| TOTAL. . . . . | 930,000 fr. |

En laissant de côté le prix d'acquisition de la concession, prix qui m'est inconnu comme je l'ai déjà dit, je pense, d'après ce qui précède, que la Compagnie, en s'organisant au capital de 1 million à 1,200 mille francs, aura tout ce qu'il faut pour créer son établissement et assurer sa marche.

Chemin de fer.

Si je ne fais pas entrer dans mes calculs les dépenses du chemin de fer plus ou moins vaguement projeté, c'est que, je l'avoue, cette question me paraît ici secondaire et tout à fait anticipée. Il est certain que depuis le coteau qui domine La Lirais jusqu'aux abords de Languin, on traverse un immense plateau sur lequel il serait facile de poser un rail-way, mais le large vallon dans lequel on descend de La Lirais à la Jahotière, vallon dont on remonte l'autre coteau pour atteindre la forêt de Larche ne serait peut être pas aussi facile à franchir qu'on peut le croire au premier coup d'œil. Au reste, aucun nivellement n'a été fait, et il n'y a qu'une étude détaillée, combinée avec les prix auxquels on obtiendra les transports, qui pourrait faire trancher une question pour laquelle il n'y a nulle urgence en ce moment.

Ouvriers.

Quant aux ouvriers, vous pouvez être assuré que, *pour la mine,* ceux du pays sont ceux que vous devez préférer parce qu'ils ont l'habitude d'un mode d'exploitation qui est particulier au gisement du bassin de la Basse-Loire. Des mineurs appelés d'autres parties de la France auraient le double inconvénient de changer toutes les conditions du prix de main-d'œuvre et d'avoir un apprentissage à faire. D'après les renseignements que j'ai pris, il sera facile d'augmenter le nombre des ouvriers de Languin le jour où le besoin s'en fera sentir. Il est possible que *pour la conduite du haut fourneau* vous ayez de l'avantage à faire venir un maître fondeur anglais. Toutefois je vous ferai observer que l'expérience faite à la Jahotière simplifie beaucoup ce travail à Languin, puisqu'elle vous dispense de tâtonnements qui eussent été inévitables, et il y a maintenant en France assez de fondeurs ayant travaillé au coke pour que vous puissiez, à la rigueur, vous dispenser d'amener à grands frais un fondeur anglais.

Les conclusions définitives que je vais prendre montreront pourquoi je me suis dispensé de discuter l'emplacement où il conviendra d'établir les hauts-fourneaux.

## RÉSUMÉ ET CONCLUSIONS.

Il résulte de tous les faits exposés dans ce Rapport que la concession de Languin est admirablement située quant aux débouchés ; que jusqu'à présent elle n'a été l'objet que de faibles travaux, et que les sommes nécessaires pour la mettre en activité et assurer une extraction assez abondante n'ont rien d'exorbitant ; que le charbon y est de première qualité pour la fabrication du coke, mais que dans le commerce il ne jouirait vraisemblablement pas, vu ses apparences, de toute la faveur qu'il mérite, et que cette circonstance, jointe à la présence, dans le voisinage, de riches gisements de minerais de fer et de castine, jointe aussi au parti avantageux que l'expérience de la Jahotière indique que l'on peut tirer de ces minerais, doit faire conclure à l'établissement de hauts-fourneaux dans cette localité.

Toutefois, et malgré cette conclusion, comme il s'agit ici d'ouvrir une exploitation à une profondeur à laquelle elle n'a jamais été poussée sur ce point; comme cette exploitation porte, non sur des couches régulières, mais sur des massifs dont la position est toujours, plus ou moins, *un objet de recherche*, la prudence veut que la construction d'une usine ne soit commencée que quand l'extraction d'au moins 100,000 hectolitres sera complétement assurée, et je crois que la Compagnie doit se faire de la marche suivante une loi rigoureuse :

1° Poursuivre avec activité et achever l'exécution du plan de travaux souterrains, tel qu'il a été tracé dans ce Rapport;

*Et alors seulement :*

2° Construire un ou plusieurs hauts-fourneaux selon les ressources que la mine offrira dans la profondeur; car il faut que la production de la mine arrive à être aussi régulière que l'est la consommation des hauts-fourneaux.

Paris, ce 5 décembre 1838.

H. FOURNEL.

Ingénieur au corps royal des mines.

Rue Neuve-des-Mathurins, n. 4, à Paris.

IMPRIMERIE DE A. EVERAT ET C^e, RUE DU CADRAN, 14 et 16.

# TABLE DES MATIÈRES.

FIN DE LA TABLE.

www.ingramcontent.com/pod-product-compliance
Ingram Content Group UK Ltd.
Pitfield, Milton Keynes, MK11 3LW, UK
UKHW020215200726
13856UKWH00004B/1411